The Lights of the City And Other Bilingual Spanish-English Stories

Pomme Bilingual

Published by Pomme Bilingual, 2024.

THE LIGHTS OF THE CITY AND OTHER BILINGUAL SPANISH-ENGLISH STORIES

First edition. November 6, 2024.

ISBN: 979-8227834140

Written by Pomme Bilingual.

Table of Contents

El Jardín Secreto de Doña Elena 1

Doña Elena's Secret Garden 5

La Sombra del Pasado 9

The Shadow of the Past 13

Las Luces de la Ciudad 17

The Lights of the City 21

El Susurro del Viento 25

The Whisper of the Wind 29

Caminos Entrelazados 33

Intertwined Paths 37

Las Historias de la Abuela Rosa 41

The Stories of Grandma Rosa 45

El Café de los Recuerdos 49

The Café of Memories 53

La Melodía del Mar 57

The Melody of the Sea 61

El Jardín Secreto de Doña Elena

En un pequeño pueblo rodeado de montañas y ríos cristalinos, vivía Doña Elena, una mujer de cabello canoso y ojos brillantes que siempre escondían una chispa de misterio. A primera vista, parecía una mujer común, pero quienes la conocían bien sabían que su verdadero mundo se encontraba en su jardín, un lugar donde cada planta, cada flor y cada arbusto contaba una historia.

El jardín de Doña Elena estaba situado en la parte trasera de su casa, oculto tras una gran muralla de ladrillos rojos. Nadie sabía que existía, porque ella nunca invitaba a nadie a verlo. Desde muy joven, había aprendido a cultivar no solo flores, sino también secretos. Con cada semilla que sembraba, ella depositaba un trozo de su alma, sus alegrías y sus tristezas.

Las mañanas en el jardín eran mágicas. Doña Elena salía a regar sus plantas al amanecer, cuando el sol comenzaba a asomarse por el horizonte, tiñendo el cielo de tonos naranjas y rosados. Mientras las gotas de agua brillaban en las hojas, ella murmuraba palabras suaves, como si hablara con sus flores. "Hoy les contaré sobre el amor que perdí", decía, dejando que el viento se llevara sus susurros.

Había rosas rojas que representaban la pasión de su juventud, lirios que simbolizaban su añoranza por tiempos pasados y girasoles que, siempre en busca del sol, reflejaban su esperanza de un futuro mejor. Cada rincón del jardín era un reflejo de sus emociones, un espejo de su corazón.

Sin embargo, su familia nunca comprendió el significado de aquel espacio. Su hija, Valeria, solía preguntar por qué su madre pasaba tanto tiempo allí. "Es solo un jardín, mamá", decía con un tono de impaciencia. "Deberías salir más y disfrutar de la vida". Pero Doña Elena sonreía y respondía: "A veces, el mundo exterior no es suficiente para hallar la paz".

Con el paso del tiempo, los secretos de Doña Elena comenzaron a pesarle. A pesar de que las flores florecían con esplendor, en su interior se sentía atrapada entre las expectativas de su familia y su deseo de ser auténtica. Un día, mientras desmalezaba una esquina del jardín, descubrió una pequeña piedra con una forma peculiar. Era un amuleto, un recordatorio de un tiempo en el que se sentía libre de ser quien era.

Esa noche, Doña Elena decidió que ya era hora de compartir su jardín secreto con su familia. Preparó una cena especial y, después de la comida, los llevó al jardín. Con el corazón latiendo con fuerza, les mostró cada rincón, cada planta, y les habló de las historias detrás de cada flor. Valeria y su esposo, José, la miraban con asombro, maravillados por el mundo que había creado.

Al final de la noche, Doña Elena sintió que, por fin, había liberado parte de su carga. Al compartir su jardín, había permitido que su familia conociera su verdadero ser. "Este jardín es un reflejo de mí", confesó con una sonrisa. "Y ahora, quiero que sea también un lugar para todos nosotros".

A partir de entonces, el jardín secreto de Doña Elena dejó de ser un refugio solitario. Valeria y José comenzaron a pasar más tiempo con ella, ayudando a cuidar las plantas y compartiendo historias mientras disfrutaban del aire fresco de la noche. La conexión entre ellos se fortaleció, y el jardín floreció como nunca antes.

Así, el jardín de Doña Elena se convirtió en un símbolo de amor y comprensión, un espacio donde los secretos ya no eran solo de ella, sino un legado compartido por toda la familia. Cada flor que crecía allí representaba no solo las emociones de Doña Elena, sino también las de su familia, creando un mosaico vibrante de amor, historias y recuerdos que perdurarían por generaciones.

Doña Elena's Secret Garden

In a small village surrounded by mountains and crystal-clear rivers, there lived Doña Elena, a woman with gray hair and bright eyes that always held a spark of mystery. At first glance, she seemed like an ordinary woman, but those who knew her well understood that her true world existed in her garden, a place where every plant, every flower, and every shrub told a story.

Doña Elena's garden was located at the back of her house, hidden behind a tall wall of red bricks. Nobody knew it existed because she never invited anyone to see it. From a young age, she had learned to cultivate not only flowers but also secrets. With each seed she planted, she imbued a piece of her soul—her joys and her sorrows.

Mornings in the garden were magical. Doña Elena would step outside to water her plants at dawn, as the sun began to rise over the horizon, painting the sky in shades of orange and pink. As the water droplets sparkled on the leaves, she would murmur soft words, as if speaking to her flowers. "Today, I will tell you about the love I lost," she would say, allowing the wind to carry away her whispers.

There were red roses representing the passion of her youth, lilies symbolizing her longing for past times, and sunflowers that, always seeking the sun, reflected her hope for a better future. Every corner of the garden mirrored her emotions, a reflection of her heart.

However, her family never understood the significance of that space. Her daughter, Valeria, often asked why her mother spent so much time there. "It's just a garden, Mom," she would say impatiently. "You should go out more and enjoy life." But Doña Elena would smile and reply, "Sometimes, the outside world is not enough to find peace."

As time passed, the secrets of Doña Elena began to weigh on her. Despite the flowers blooming in splendor, inside, she felt trapped between her family's expectations and her desire to be authentic. One day, while weeding a corner of the garden, she discovered a small stone with a peculiar shape. It was an amulet, a reminder of a time when she felt free to be who she was.

That night, Doña Elena decided it was time to share her secret garden with her family. She prepared a special dinner and, after the meal, led them to the garden. With her heart pounding, she showed them every corner, every plant, and spoke of the stories behind each flower. Valeria and her husband, José, looked at her in amazement, enchanted by the world she had created.

By the end of the night, Doña Elena felt that she had finally lifted part of her burden. By sharing her garden, she had allowed her family to know her true self. "This garden is a reflection of me," she confessed with a smile. "And now, I want it to be a place for all of us."

From that day on, Doña Elena's secret garden ceased to be a solitary refuge. Valeria and José began to spend more time with her, helping care for the plants and sharing stories while enjoying the fresh night air. The connection between them grew stronger, and the garden flourished like never before.

Thus, Doña Elena's garden became a symbol of love and understanding, a space where secrets were no longer solely hers but a shared legacy for the entire family. Every flower that grew there represented not only Doña Elena's emotions but also those of her family, creating a vibrant mosaic of love, stories, and memories that would endure for generations.

La Sombra del Pasado

Diego había pasado años fuera de su pueblo natal, buscando un futuro en la ciudad. La vida en la metrópoli había sido agitada, llena de ruido y luces brillantes, pero había un vacío que lo acompañaba, una sombra que lo seguía a cada paso. Ahora, tras la muerte de su madre, sentía la necesidad de regresar a su hogar, de enfrentar los recuerdos que había dejado atrás.

Al llegar, las calles de su infancia le parecieron más estrechas, y las casas, más viejas. El aroma de las tortillas recién hechas le dio la bienvenida, y el sonido de las risas de los niños jugando en la plaza lo transportó a tiempos más felices. Sin embargo, el regreso no fue fácil. Las memorias que había intentado enterrar comenzaron a resurgir.

En su primer día, Diego decidió visitar la casa de su niñez. Cuando llegó, la puerta estaba cerrada, pero la ventana del patio estaba abierta. Se asomó y vio el jardín que su madre había cuidado con tanto amor. Las flores estaban marchitas y la hierba crecida, pero aún quedaban rastros del esplendor que había sido. Una profunda tristeza lo invadió al recordar las tardes que pasaba ayudando a su madre en el jardín, escuchando sus historias sobre la vida y el amor.

En su mente, la imagen de su madre era tan vívida como si la tuviera enfrente. La recordaba sentada en una mecedora, con una taza de café en la mano, sus ojos llenos de sabiduría y calidez. "La vida está llena de sombras, Diego", le había dicho alguna vez. "Pero siempre hay una luz que nos guía. No la olvides". Esas palabras resonaron en su corazón mientras se alejaba de la casa.

Diego decidió caminar hacia la plaza del pueblo, un lugar que siempre había estado lleno de vida. Sin embargo, al llegar, se dio cuenta de que las cosas habían cambiado. Algunos amigos de su juventud ya no estaban, y los que quedaban parecían distantes, como si el tiempo los hubiera separado. Se sentó en un banco, observando el vaivén de la vida a su alrededor.

Mientras contemplaba, su viejo amigo Luis se acercó. La sorpresa iluminó el rostro de Luis, y por un momento, las sombras del pasado parecieron desvanecerse. Se abrazaron con fuerza, como si el tiempo no hubiera pasado. Sin embargo, al poco rato, la conversación se tornó melancólica. Hablaban de los sueños que habían tenido, de los caminos que habían tomado, de las promesas olvidadas.

"¿Te acuerdas de aquella tarde en el río?", preguntó Luis con una sonrisa nostálgica. Diego asintió, recordando cómo solían pescar y hacer planes de futuro. "Parece que los sueños se han desvanecido", dijo Diego con un suspiro. "He vivido tanto, pero me siento vacío".

Luis lo miró con comprensión. "A veces, las sombras nos atrapan. Pero puedes decidir dejar que te guíen o que te paralicen". Las palabras de su amigo lo hicieron reflexionar. Tal vez era el momento de enfrentarse a su pasado, de reconciliarse con él.

Esa noche, Diego se sentó en la sala de su infancia, rodeado de las fotografías familiares. Cada imagen traía consigo un torrente de recuerdos. Sonrió al ver la foto de su madre, joven y llena de vida, pero también sintió un nudo en el estómago al recordar el dolor de su partida. Era un dolor que había tratado de evitar, pero que ahora necesitaba aceptar.

Al día siguiente, decidió visitar el río donde tantas veces había pasado sus días. Cuando llegó, el agua brillaba bajo el sol. Se sentó en la orilla y cerró los ojos, dejando que los sonidos de la naturaleza lo envolvieran. En ese momento, comprendió que su pasado no era algo que debiera temer, sino algo que debía abrazar.

Recordó las enseñanzas de su madre, la luz que siempre había tratado de guiarlo. La sombra de su pasado no tenía por qué definirlo; podía usarla como una brújula, un mapa que lo llevara a encontrar su verdadero yo.

Diego regresó al pueblo con una nueva perspectiva. Se reunió con su familia y amigos, compartió sus historias y escuchó las de ellos. Poco a poco, comenzó a reconstruir los lazos que había dejado atrás, descubriendo que, aunque el tiempo había pasado, el amor y la conexión seguían presentes.

Así, Diego aprendió que el pasado no era una carga, sino un componente esencial de su identidad. Al enfrentar la sombra de sus recuerdos, encontró la luz que siempre había buscado, y con ella, la esperanza de un futuro renovado en su querido pueblo.

The Shadow of the Past

Diego had spent years away from his hometown, searching for a future in the city. Life in the metropolis had been hectic, filled with noise and bright lights, but there was a void that accompanied him, a shadow that followed him every step of the way. Now, after the death of his mother, he felt the need to return home, to face the memories he had left behind.

Upon his arrival, the streets of his childhood seemed narrower, and the houses older. The aroma of freshly made tortillas welcomed him, and the sound of children laughing in the square transported him to happier times. However, the return was not easy. The memories he had tried to bury began to resurface.

On his first day, Diego decided to visit the house of his youth. When he arrived, the door was closed, but the patio window was open. He peered in and saw the garden that his mother had tended to with such love. The flowers were wilted, and the grass was overgrown, but traces of the splendor that once was remained. A deep sadness washed over him as he remembered the afternoons spent helping his mother in the garden, listening to her stories about life and love.

In his mind, the image of his mother was as vivid as if she were standing right in front of him. He remembered her sitting in a rocking chair, a cup of coffee in hand, her eyes filled with wisdom and warmth. "Life is full of shadows, Diego," she had once told him. "But there is always a light to guide us. Don't forget that."

Those words resonated in his heart as he stepped away from the house.

Diego decided to walk to the town square, a place that had always been full of life. However, upon arriving, he realized that things had changed. Some of his childhood friends were no longer there, and those who remained seemed distant, as if time had separated them. He sat on a bench, watching the ebb and flow of life around him.

As he contemplated, his old friend Luis approached. Surprise lit up Luis's face, and for a moment, the shadows of the past seemed to fade away. They embraced tightly, as if no time had passed. However, soon their conversation turned melancholic. They spoke of the dreams they had once had, the paths they had taken, and the forgotten promises.

"Do you remember that afternoon at the river?" Luis asked with a nostalgic smile. Diego nodded, recalling how they used to fish and make plans for the future. "It seems like our dreams have faded away," Diego sighed. "I've lived so much, but I feel empty."

Luis looked at him with understanding. "Sometimes, the shadows trap us. But you can choose to let them guide you or paralyze you." His friend's words made Diego reflect. Perhaps it was time to confront his past, to reconcile with it.

That night, Diego sat in the living room of his childhood home, surrounded by family photographs. Each image brought forth a torrent of memories. He smiled at the photo of his mother, young and full of life, but also felt a knot in his stomach at the reminder of her loss. It was a pain he had tried to avoid but now needed to accept.

The next day, he decided to visit the river where he had spent so many days. When he arrived, the water sparkled under the sun. He sat by the bank and closed his eyes, allowing the sounds of nature to envelop him. In that moment, he understood that his past was not something to fear but something to embrace.

He recalled his mother's teachings, the light that had always tried to guide him. The shadow of his past did not have to define him; he could use it as a compass, a map that would lead him to find his true self.

Diego returned to the village with a new perspective. He reunited with family and friends, shared his stories, and listened to theirs. Little by little, he began to rebuild the bonds he had left behind, discovering that, although time had passed, love and connection remained.

Thus, Diego learned that the past was not a burden but an essential component of his identity. By facing the shadow of his memories, he found the light he had always sought, and with it, the hope for a renewed future in his beloved hometown.

Las Luces de la Ciudad

Elena había llegado a la Ciudad de México con un solo sueño: ser artista. Desde que era pequeña, había pasado horas dibujando en su cuaderno, plasmando su visión del mundo en cada trazo. La ciudad, con su energía desbordante y su diversidad, le prometía un horizonte lleno de oportunidades. Sin embargo, pronto se dio cuenta de que perseguir su sueño en un lugar tan vibrante no sería tan sencillo como había imaginado.

Al principio, todo parecía emocionante. Cada rincón de la ciudad ofrecía algo nuevo: mercados llenos de colores, plazas repletas de música y el murmullo constante de la vida urbana. Elena se sentía inspirada por la belleza que la rodeaba, pero la realidad pronto se impuso. La lucha por conseguir un lugar en el mundo del arte era feroz. Se inscribió en una escuela de arte, donde conoció a otros jóvenes con sueños similares, pero también se enfrentó a la competencia y a la presión de destacar.

Las noches eran las más difíciles. Después de largas jornadas de clases y exposiciones, regresaba a su pequeño departamento en un barrio humilde. Desde la ventana, podía ver las luces de la ciudad parpadeando en la distancia, como estrellas que se resistían a apagarse. A menudo, se sentaba a contemplarlas, preguntándose si algún día podría brillar con la misma intensidad.

Un día, mientras caminaba por el centro histórico, se topó con una galería de arte que anunciaba una exposición abierta a artistas emergentes. La oportunidad era perfecta, pero también aterradora. Elena sintió un nudo en el estómago. ¿Y si no le gustaba su trabajo? ¿Y si sus sueños se desvanecían ante la realidad?

Sin embargo, el deseo de ser vista y de pertenecer a ese mundo artístico la impulsó a presentar su obra. Pasó días trabajando en una serie de pinturas que capturaban la esencia de la ciudad: sus calles, su gente, su música. Cada pincelada era un acto de amor, un intento de comunicar lo que había aprendido desde que llegó. Pero también era un reflejo de su lucha interna, de la incertidumbre que la acompañaba.

La noche de la inauguración llegó, y Elena se encontraba frente a la galería, con el corazón palpitante. Las luces de la ciudad iluminaban su rostro, mientras una multitud comenzaba a reunirse. Al entrar, vio sus obras colgadas en las paredes, y una mezcla de orgullo y ansiedad la invadió. Se preguntó si alguien se detendría a admirarlas o si solo serían un fondo para sus selfies.

A medida que la noche avanzaba, la gente comenzó a acercarse a sus pinturas. Escuchaba murmullos de admiración y risas, y poco a poco se dio cuenta de que sus obras estaban resonando con los espectadores. Una mujer se detuvo frente a una de sus piezas y comentó: "Captura la esencia de la ciudad. Me hace sentir como si estuviera allí, en medio de todo". La emoción llenó a Elena; en ese momento, sintió que finalmente pertenecía.

Sin embargo, entre los elogios, también llegaron las críticas. Un hombre mayor, con una mirada severa, se acercó y dijo: "Te falta profundidad. La ciudad tiene más sombras que luces". Las palabras lo hirieron. ¿Acaso su visión era insuficiente? Durante días, esa crítica se quedó grabada en su mente, y las luces de la ciudad, que antes la habían inspirado, ahora parecían burlarse de su inseguridad.

Decidió alejarse de la galería y se perdió en las calles de la ciudad. Las luces brillantes la rodeaban, pero su brillo ya no parecía tan atractivo. Mientras caminaba, sintió el peso de la soledad y la duda. ¿Era realmente una artista? ¿Podía seguir luchando por su lugar en un mundo tan vasto y complejo?

Fue en ese momento de incertidumbre que se encontró con un grupo de músicos callejeros. Los acordes de la guitarra y el ritmo del tambor la atraparon. Se detuvo a escuchar, y por primera vez en días, una sonrisa iluminó su rostro. La música era un lenguaje universal que unía a las personas, y le recordó por qué había elegido este camino.

Decidió unirse a ellos, dejando que su alma se llenara de melodía. Bailó, rió y compartió su pasión con aquellos artistas de la calle. En ese instante, comprendió que el arte no era solo una forma de expresión, sino un medio para conectar, para pertenecer.

Las luces de la ciudad ya no eran solo un símbolo de ambición, sino un recordatorio de la belleza en la lucha, de la comunidad en la diversidad. Elena regresó a su estudio con renovada energía, lista para enfrentar sus miedos y seguir creando. Sabía que el camino del arte estaba lleno de altibajos, pero también de momentos mágicos que la harían seguir adelante.

Con cada trazo de su pincel, se comprometió a explorar no solo las luces, sino también las sombras de la ciudad. Y así, entre las luces brillantes de la Ciudad de México, encontró su voz, su lugar y, sobre todo, su pasión por la vida y el arte.

The Lights of the City

Elena had arrived in Mexico City with one dream: to be an artist. Since she was a child, she had spent hours drawing in her sketchbook, capturing her vision of the world in every stroke. The city, with its overflowing energy and diversity, promised a horizon full of opportunities. However, she soon realized that pursuing her dream in such a vibrant place would not be as easy as she had imagined.

At first, everything seemed exciting. Every corner of the city offered something new: markets bursting with colors, plazas filled with music, and the constant murmur of urban life. Elena felt inspired by the beauty surrounding her, but reality soon set in. The struggle to find a place in the art world was fierce. She enrolled in an art school, where she met other young people with similar dreams, but she also faced competition and the pressure to stand out.

The nights were the hardest. After long days of classes and exhibitions, she returned to her small apartment in a humble neighborhood. From her window, she could see the city lights twinkling in the distance, like stars refusing to fade away. Often, she would sit and watch them, wondering if she would ever shine with the same intensity.

One day, while walking through the historic center, she stumbled upon an art gallery announcing an exhibition open to emerging artists. The opportunity was perfect, but also terrifying. Elena felt a knot in her stomach. What if they didn't like her work? What if her dreams vanished in the face of reality?

However, the desire to be seen and to belong to that artistic world drove her to submit her work. She spent days creating a series of paintings that captured the essence of the city: its streets, its people, its music. Each brushstroke was an act of love, an attempt to communicate what she had learned since arriving. But it was also a reflection of her internal struggle, of the uncertainty that accompanied her.

The night of the opening arrived, and Elena stood in front of the gallery, her heart racing. The city lights illuminated her face as a crowd began to gather. Upon entering, she saw her works hanging on the walls, and a mix of pride and anxiety washed over her. She wondered if anyone would stop to admire them or if they would merely serve as a backdrop for selfies.

As the night progressed, people began to approach her paintings. She heard murmurs of admiration and laughter, and gradually realized that her works were resonating with the viewers. A woman stopped in front of one of her pieces and commented, "It captures the essence of the city. It makes me feel as if I'm right there, in the midst of it all." Emotion filled Elena; in that moment, she felt like she finally belonged.

However, amidst the praise, criticism also came. An older man, with a stern look, approached and said, "You lack depth. The city has more shadows than lights." His words stung. Was her vision inadequate? For days, that criticism lingered in her mind, and the city lights that had once inspired her now seemed to mock her insecurity.

Deciding to step away from the gallery, she got lost in the city streets. The bright lights surrounded her, but their glow no longer seemed appealing. As she walked, she felt the weight of loneliness and doubt. Was she really an artist? Could she continue to fight for her place in such a vast and complex world?

In that moment of uncertainty, she came across a group of street musicians. The chords of the guitar and the rhythm of the drums captivated her. She stopped to listen, and for the first time in days, a smile lit up her face. Music was a universal language that connected people, reminding her why she had chosen this path.

She decided to join them, letting her soul fill with melody. She danced, laughed, and shared her passion with those street artists. In that instant, she understood that art was not just a form of expression, but a means to connect, to belong.

The city lights were no longer just a symbol of ambition, but a reminder of the beauty in struggle and the community in diversity. Elena returned to her studio with renewed energy, ready to face her fears and keep creating. She knew that the path of art was filled with ups and downs, but also with magical moments that would keep her moving forward.

With every stroke of her brush, she committed to exploring not only the lights but also the shadows of the city. And so, amid the bright lights of Mexico City, she found her voice, her place, and above all, her passion for life and art.

El Susurro del Viento

En un pequeño pueblo rural, donde el tiempo parecía haberse detenido, vivía Doña Clara, una mujer de edad avanzada con una profunda conexión a su tierra y sus tradiciones. Su cabello canoso caía en ondas suaves sobre sus hombros, y sus manos, marcadas por el paso de los años, siempre estaban ocupadas tejiendo o cuidando su jardín. Pero lo que más atesoraba eran las historias de sus antepasados, las cuales solía compartir con los niños del pueblo al caer la tarde.

Una brisa suave recorría las calles mientras Doña Clara se sentaba en su porche, rodeada de flores y el canto de los pájaros. Los niños, atraídos por el murmullo del viento, se acercaban con curiosidad, dispuestos a escuchar las historias que ella siempre narraba con tanto amor.

"Escuchen bien, mis pequeños", comenzaba, su voz resonando como el eco de un tiempo lejano. "El viento trae consigo los susurros de nuestros antepasados, aquellos que habitaron esta tierra antes que nosotros. Ellos nos cuentan sobre las tradiciones y los sacrificios que hicieron para que pudiéramos vivir en armonía con la naturaleza".

Los niños se acomodaban en el suelo, ansiosos por escuchar. "Una vez, cuando la sequía azotaba nuestro pueblo, nuestros abuelos se reunieron en la plaza. Invocaron a los dioses de la lluvia, danzando y cantando bajo el sol ardiente. Fue una noche mágica, llena de promesas y esperanzas. Y al amanecer, el cielo se cubrió de nubes, y la lluvia cayó como un regalo del cielo".

Las historias de Doña Clara eran vívidas, llenas de emociones y lecciones de vida. Les hablaba de la valentía de su bisabuela, quien había cruzado montañas y ríos para buscar un nuevo hogar. Les contaba sobre las noches estrelladas en las que sus antepasados se reunían alrededor del fuego, compartiendo sus sueños y anhelos. Cada relato era un hilo que tejía un tapiz de historia, uniendo el pasado con el presente.

Una tarde, mientras contaba la historia de la llegada de un extraño al pueblo, un niño levantó la mano. "¿Y qué pasó con él, Doña Clara?" preguntó con ojos llenos de curiosidad. Ella sonrió, complacida por la pregunta. "El extraño trajo consigo nuevas ideas y perspectivas. Pero también enfrentó la resistencia de quienes se aferraban a sus tradiciones. Aprendió que la verdadera riqueza no está en lo que se posee, sino en las conexiones que se forjan entre las personas".

El viento soplaba suavemente, llevando consigo el eco de las risas de los niños y las palabras de Doña Clara. "Recuerden, pequeños, el viento es un mensajero. Nos recuerda que somos parte de algo más grande. Las historias de nuestros antepasados viven en nosotros, en nuestras decisiones y en la forma en que cuidamos de nuestra tierra y de nuestra gente".

Con cada historia, los niños aprendían no solo sobre su herencia, sino también sobre la importancia de la comunidad y el respeto por la naturaleza. Doña Clara les enseñaba que cada uno de ellos tenía un papel en el gran ciclo de la vida, y que sus propias historias también contribuirían a la narrativa del pueblo.

Con el tiempo, la luz del sol comenzaba a desvanecerse, y los colores del cielo se tornaban dorados y anaranjados. Era la hora del adiós, pero no sin antes dejar una última enseñanza. "Nunca olviden, mis queridos, que aunque el viento pueda ser un susurro suave, lleva consigo la fuerza de nuestras historias y la memoria de quienes nos precedieron".

Los niños se levantaron, despidiéndose de Doña Clara con abrazos y sonrisas. Se marcharon, llevando consigo no solo las historias que habían escuchado, sino también el legado de sus antepasados, listo para ser contado de nuevo. Mientras se alejaban, el viento parecía susurrar a su paso, un recordatorio constante de que la historia nunca se detiene y que siempre hay más por descubrir en el susurro del viento.

The Whisper of the Wind

In a small rural village, where time seemed to have stood still, lived Doña Clara, an elderly woman with a profound connection to her land and traditions. Her gray hair cascaded in soft waves over her shoulders, and her hands, marked by the passage of years, were always busy either knitting or tending to her garden. But what she treasured most were the stories of her ancestors, which she would share with the village children in the late afternoon.

A gentle breeze swept through the streets as Doña Clara sat on her porch, surrounded by flowers and the song of birds. The children, drawn by the murmur of the wind, approached with curiosity, eager to hear the stories she always narrated with such love.

"Listen well, my little ones," she began, her voice resonating like the echo of a distant time. "The wind carries the whispers of our ancestors, those who inhabited this land before us. They tell us about the traditions and sacrifices they made so that we could live in harmony with nature."

The children settled on the ground, anxious to listen. "Once, when drought struck our village, our grandparents gathered in the square. They called upon the rain gods, dancing and singing under the blazing sun. It was a magical night, full of promises and hopes. And at dawn, the sky was covered in clouds, and the rain fell like a gift from heaven."

Doña Clara's stories were vivid, filled with emotions and life lessons. She spoke of the bravery of her great-grandmother, who had crossed mountains and rivers to find a new home. She recounted the starry nights when her ancestors gathered around the fire, sharing their dreams and aspirations. Each tale was a thread weaving a tapestry of history, connecting the past to the present.

One afternoon, while telling the story of a stranger's arrival in the village, a boy raised his hand. "What happened to him, Doña Clara?" he asked, his eyes filled with curiosity. She smiled, pleased by the question. "The stranger brought with him new ideas and perspectives. But he also faced resistance from those who clung to their traditions. He learned that true wealth lies not in what one possesses, but in the connections forged between people."

The wind blew softly, carrying the echoes of the children's laughter and Doña Clara's words. "Remember, little ones, the wind is a messenger. It reminds us that we are part of something greater. The stories of our ancestors live in us, in our decisions and in how we care for our land and our people."

With each story, the children learned not only about their heritage but also about the importance of community and respect for nature. Doña Clara taught them that each of them had a role in the great cycle of life and that their own stories would also contribute to the narrative of the village.

As time passed, the sunlight began to fade, and the colors of the sky turned golden and orange. It was time to say goodbye, but not without leaving one last lesson. "Never forget, my dear ones, that although the wind may be a gentle whisper, it carries the strength of our stories and the memory of those who came before us."

The children stood up, bidding farewell to Doña Clara with hugs and smiles. They left, carrying not only the stories they had heard but also the legacy of their ancestors, ready to be told again. As they walked away, the wind seemed to whisper in their wake, a constant reminder that history never stops and that there is always more to discover in the whisper of the wind.

Caminos Entrelazados

Era un día cualquiera en la Ciudad de México, con su bullicio habitual y la mezcla de aromas de los puestos de comida callejera. La gente se movía rápidamente, inmersa en sus propias vidas, sin detenerse a mirar a su alrededor. Sin embargo, en medio de la multitud, dos almas solitarias estaban a punto de cruzarse de manera inesperada.

Sofía, una joven artista, caminaba con la cabeza baja, perdida en sus pensamientos. Había tenido una semana difícil; sus pinturas no habían encontrado eco en ninguna galería, y la frustración comenzaba a asomarse. Mientras caminaba, la belleza del día se desvanecía ante su tristeza, y el ruido de la ciudad se convertía en un zumbido lejano.

Al mismo tiempo, Andrés, un escritor de mediana edad, salía de una librería con una novela recién comprada. La vida lo había tratado de manera dura; después de perder su trabajo, había encontrado consuelo en la escritura, pero sus palabras aún no lograban fluir como él deseaba. Caminaba despacio, sintiendo el peso de la incertidumbre en cada paso.

Ambos se encontraron de repente en una esquina, justo en el momento en que Sofía levantó la vista para mirar el cielo. No pudo evitar chocar con Andrés, quien se tambaleó un poco antes de recuperar el equilibrio. "¡Lo siento mucho!", exclamó ella, apenada. "No estaba mirando".

"No te preocupes, es mi culpa por estar tan distraído", respondió Andrés, con una sonrisa amable. Se dieron cuenta de que estaban en la misma situación: dos desconocidos buscando algo más en medio de la rutina diaria.

La conversación fluyó naturalmente, como si se conocieran de toda la vida. Sofía compartió su frustración sobre el mundo del arte y cómo a veces se sentía invisible, mientras que Andrés hablaba sobre su amor por la escritura y su lucha por encontrar inspiración. Mientras conversaban, se dieron cuenta de que sus caminos, aunque diferentes, estaban entrelazados por una sensación compartida de búsqueda y anhelo.

"Quizás deberíamos hacer algo juntos", sugirió Sofía, una chispa de entusiasmo brillando en sus ojos. "Podríamos crear algo que una a nuestras pasiones: un libro ilustrado, por ejemplo. Tus palabras y mis dibujos podrían contar una historia hermosa".

Andrés sonrió, sintiendo que la idea le daba un nuevo aire a su vida. "Me parece genial. Nunca había pensado en eso. Podría ser justo lo que necesito para volver a escribir".

Así, decidieron reunirse al día siguiente en un café cercano, llevando sus ideas y su arte. La química entre ellos creció a medida que se encontraban una y otra vez. Sofía le enseñaba a Andrés a ver la belleza en lo cotidiano, mientras que él le enseñaba a ella a contar historias más allá de las imágenes. Se convertían en una fuente de inspiración mutua, apoyándose en sus respectivas pasiones y compartiendo sus sueños.

Con el tiempo, su amistad se fortaleció. Descubrieron que, a pesar de sus diferentes trayectorias, compartían muchas experiencias similares. Ambos habían sentido la presión de la sociedad y las expectativas ajenas, pero también habían aprendido a encontrar la belleza en los momentos simples de la vida.

Un día, mientras paseaban por el parque, Sofía se detuvo y dijo: "Nunca hubiera imaginado que un simple choque cambiaría tanto mi vida. A veces, los encuentros más inesperados son los que nos llevan a donde realmente pertenecemos".

Andrés asintió. "Es cierto. Las conexiones que hacemos son lo que nos define. A veces, el destino tiene una forma extraña de unir a las personas, incluso cuando menos lo esperamos".

Así fue como, en medio de la vida caótica de la ciudad, Sofía y Andrés encontraron en el otro un refugio, un espacio donde sus almas podían crecer y florecer. Con cada encuentro, sus caminos se entrelazaban más, creando una historia que no solo hablaba de amistad, sino de las infinitas posibilidades que surgen cuando nos permitimos abrirnos a los demás.

Al final, decidieron publicar su libro ilustrado, un compendio de sus sueños y experiencias, que no solo celebraba su amistad, sino también la belleza de las conexiones humanas. La presentación fue un éxito, y mientras veían a la gente disfrutar de su obra, Sofía y Andrés sonrieron, conscientes de que su encuentro había sido el inicio de algo extraordinario.

En la ciudad donde las luces nunca se apagan, sus caminos entrelazados brillaban con fuerza, recordándoles que, a veces, lo más inesperado puede llevarnos a donde realmente pertenecemos.

Intertwined Paths

It was an ordinary day in Mexico City, bustling with its usual noise and the mix of aromas from street food stalls. People moved quickly, absorbed in their own lives, without stopping to look around. However, amid the crowd, two lonely souls were about to cross paths unexpectedly.

Sofía, a young artist, walked with her head down, lost in thought. She had had a tough week; her paintings had failed to resonate with any galleries, and frustration was beginning to creep in. As she walked, the beauty of the day faded before her sadness, and the city's noise turned into a distant hum.

At the same time, Andrés, a middle-aged writer, was exiting a bookstore with a newly purchased novel. Life had dealt him harshly; after losing his job, he found solace in writing, but his words still didn't flow as he desired. He walked slowly, feeling the weight of uncertainty in every step.

Suddenly, they collided at a corner just as Sofía lifted her gaze to look at the sky. She couldn't help but bump into Andrés, who staggered slightly before regaining his balance. "I'm so sorry!" she exclaimed, embarrassed. "I wasn't looking."

"Don't worry, it's my fault for being so distracted," Andrés replied with a kind smile. They realized they were in the same situation: two strangers searching for something more amid the daily routine.

The conversation flowed naturally, as if they had known each other their entire lives. Sofía shared her frustration about the art world and how she sometimes felt invisible, while Andrés spoke of his love for writing and his struggle to find inspiration. As they talked, they recognized that their paths, though different, were intertwined by a shared sense of search and longing.

"Maybe we should do something together," suggested Sofía, a spark of enthusiasm shining in her eyes. "We could create something that combines our passions: an illustrated book, for example. Your words and my drawings could tell a beautiful story."

Andrés smiled, feeling that the idea brought new energy to his life. "That sounds great. I've never thought of that. It could be just what I need to start writing again."

So, they decided to meet the next day at a nearby café, bringing their ideas and art. The chemistry between them grew as they met again and again. Sofía taught Andrés to see the beauty in the ordinary, while he showed her how to tell stories beyond images. They became a source of mutual inspiration, supporting each other's passions and sharing their dreams.

Over time, their friendship strengthened. They discovered that despite their different paths, they shared many similar experiences. Both had felt the pressure of society and others' expectations, but they had also learned to find beauty in the simple moments of life.

One day, while strolling through the park, Sofía stopped and said, "I never would have imagined that a simple collision could change my life so much. Sometimes, the most unexpected encounters lead us to where we truly belong."

Andrés nodded. "It's true. The connections we make are what define us. Sometimes, fate has a strange way of bringing people together, even when we least expect it."

Thus, amid the chaotic life of the city, Sofía and Andrés found refuge in each other, a space where their souls could grow and flourish. With each meeting, their paths intertwined more, creating a story that spoke not only of friendship but also of the infinite possibilities that arise when we allow ourselves to open up to others.

In the end, they decided to publish their illustrated book, a compendium of their dreams and experiences that celebrated not only their friendship but also the beauty of human connections. The launch was a success, and as they watched people enjoy their work, Sofía and Andrés smiled, aware that their encounter had been the beginning of something extraordinary.

In the city where the lights never go out, their intertwined paths shone brightly, reminding them that sometimes the most unexpected turns can lead us to where we truly belong.

Las Historias de la Abuela Rosa

Desde pequeña, Valentina había pasado muchas tardes en la casa de su abuela Rosa, una acogedora cabaña de adobe situada en el corazón de un pequeño pueblo. La casa estaba rodeada de flores de colores vibrantes y árboles frutales que llenaban el aire con su fragancia dulce. Para Valentina, el lugar siempre había sido un refugio lleno de magia y amor, pero era en las historias que su abuela contaba donde realmente encontraba la esencia de su familia.

Cada vez que Valentina visitaba a la abuela, se sentaba a sus pies mientras Rosa tejía o preparaba un delicioso café de olla. Con una voz suave y melodiosa, comenzaba a relatar historias que parecían sacadas de un cuento de hadas. "Te voy a contar sobre la abuela de tu abuela", decía, y Valentina se acomodaba aún más, lista para ser transportada a otro tiempo.

Una tarde, mientras el sol se ocultaba y la luz dorada se filtraba a través de las ventanas, la abuela comenzó una historia que Valentina nunca había escuchado. "Hubo una vez una joven llamada María, que vivía en un pueblo lejano. Ella tenía un corazón puro y siempre ayudaba a los demás. Un día, un anciano apareció en su puerta, pidiendo ayuda. Sin dudarlo, María lo invitó a entrar y le ofreció comida. Agradecido, el anciano le dio un regalo: un pequeño espejo que reflejaba no solo su imagen, sino también su esencia".

Valentina escuchaba con atención, imaginando a María y el misterioso anciano. "El espejo le mostró a María el verdadero valor de la generosidad y la bondad. Desde ese día, ella se convirtió en la protectora de su pueblo, ayudando a quienes más lo necesitaban. Pero un día, el espejo desapareció, y María se dio cuenta de que su poder no estaba en el objeto, sino en su corazón".

La historia resonó en Valentina, quien se sentía profundamente conectada con la valentía de María. "¿Es una historia real, abuela?" preguntó, con la curiosidad iluminando su rostro. Rosa sonrió y respondió: "Todas las historias tienen un poco de verdad, Valentina. Y cada vez que las contamos, revivimos el legado de nuestra familia".

Las historias de la abuela Rosa eran siempre un viaje a través del tiempo. Otra tarde, habló sobre su propio padre, el abuelo de Valentina. "Tu abuelo, Vicente, fue un gran hombre. Luchó por la libertad de nuestro pueblo. Una noche, se reunió con sus amigos en la plaza, y con su voz firme, motivó a todos a unirse a la causa. Gracias a su valentía, nuestro pueblo fue liberado".

Valentina sentía que cada relato no solo le enseñaba sobre su herencia, sino que también le mostraba la fuerza que corría por sus venas. "¿Qué podemos hacer hoy para honrar esas historias, abuela?" preguntó una vez. Rosa pensó por un momento y dijo: "Nunca olvides de dónde vienes. Las historias son nuestro hilo conductor. Compartirlas es una forma de mantener vivo nuestro legado".

Con cada visita, Valentina comenzaba a ver su vida desde una nueva perspectiva. Las historias de su abuela la hacían reflexionar sobre su propia identidad y los desafíos que enfrentaba como joven mujer en un mundo moderno. Comenzó a entender que su vida era también parte de una narrativa más grande, tejida con los hilos de sus antepasados.

Un día, mientras escuchaba a su abuela, Valentina tuvo una idea. "Abuela, ¿y si grabamos tus historias? Así nunca se perderán". Rosa la miró, sorprendida y emocionada. "Esa es una idea maravillosa, Valentina. Así, las generaciones futuras también podrán escuchar nuestras historias".

Así comenzó el proyecto que unió aún más a la abuela y a la nieta. Con un viejo grabador, Valentina capturó cada relato, cada risa y cada emoción que emanaba de su abuela. Pasaron horas sentadas juntas, reviviendo memorias y tejiendo nuevas historias. Rosa se sentía feliz de poder compartir su legado, mientras que Valentina se sentía honrada de ser la guardiana de esas historias.

A medida que el tiempo pasaba, la salud de la abuela comenzaba a declinar, pero su espíritu seguía tan fuerte como siempre. Valentina se convirtió en su apoyo, y las historias continuaron fluyendo. Una tarde, mientras la luz del sol se filtraba a través de las cortinas, Rosa miró a su nieta y le dijo: "Nunca dejes que se apague la luz de nuestras historias. Eres parte de ellas, y tú también tienes el poder de contar".

Cuando finalmente llegó el día en que la abuela Rosa partió, Valentina sintió un vacío inmenso. Sin embargo, sabía que las historias seguirían vivas a través de las grabaciones y en su corazón. Decidió que continuaría contando las historias de su abuela, no solo a sus propios hijos, sino a cualquier persona que quisiera escuchar.

Las historias de la abuela Rosa se convirtieron en un legado, un tesoro que Valentina compartió con el mundo. En cada relato, había un pedacito de amor, valor y sabiduría, conectando a las generaciones de su familia y mostrando que, aunque las personas pueden partir, sus historias nunca mueren.

The Stories of Grandma Rosa

Since she was little, Valentina had spent many afternoons at her Grandma Rosa's house, a cozy adobe cottage nestled in the heart of a small village. The house was surrounded by vibrant flowers and fruit trees that filled the air with their sweet fragrance. For Valentina, this place had always been a refuge filled with magic and love, but it was in the stories her grandmother told that she truly found the essence of her family.

Every time Valentina visited her grandmother, she would sit at her feet while Rosa knitted or prepared a delicious pot of coffee. With a soft, melodious voice, she began to weave tales that seemed pulled straight from a fairy tale. "Let me tell you about your great-grandmother," she would say, and Valentina would snuggle in closer, ready to be transported to another time.

One afternoon, as the sun set and golden light filtered through the windows, Grandma Rosa began a story Valentina had never heard before. "Once upon a time, there was a young girl named María who lived in a faraway village. She had a pure heart and always helped others. One day, an old man appeared at her door, asking for help. Without hesitation, María invited him in and offered him food. Grateful, the old man gave her a gift: a small mirror that reflected not just her image, but her essence as well."

Valentina listened intently, imagining María and the mysterious old man. "The mirror showed María the true value of generosity and kindness. From that day on, she became the protector of her village, helping those in need. But one day, the mirror disappeared, and María realized that her power did not lie in the object, but in her heart."

The story resonated with Valentina, who felt a deep connection to María's bravery. "Is it a true story, Grandma?" she asked, curiosity shining in her eyes. Rosa smiled and replied, "All stories have a bit of truth, Valentina. And every time we tell them, we revive the legacy of our family."

Grandma Rosa's stories were always a journey through time. On another afternoon, she spoke about her own father, Valentina's grandfather. "Your grandfather, Vicente, was a great man. He fought for the freedom of our village. One night, he gathered with his friends in the square, and with his firm voice, he motivated everyone to join the cause. Thanks to his bravery, our village was liberated."

Valentina felt that each tale not only taught her about her heritage but also revealed the strength that flowed through her veins. "What can we do today to honor those stories, Grandma?" she asked one time. Rosa thought for a moment and said, "Never forget where you come from. Stories are our thread of connection. Sharing them is a way to keep our legacy alive."

With each visit, Valentina began to see her life from a new perspective. Her grandmother's stories made her reflect on her own identity and the challenges she faced as a young woman in a modern world. She started to understand that her life was also part of a larger narrative, woven with the threads of her ancestors.

One day, while listening to her grandmother, Valentina had an idea. "Grandma, what if we record your stories? That way, they will never be lost." Rosa looked at her, surprised and excited. "That's a wonderful idea, Valentina. Then future generations can hear our stories too."

Thus began the project that further united the grandmother and granddaughter. With an old recorder, Valentina captured every tale, every laugh, and every emotion that emanated from her grandmother. They spent hours together, reliving memories and weaving new stories. Rosa felt happy to share her legacy, while Valentina felt honored to be the guardian of those tales.

As time passed, Grandma Rosa's health began to decline, but her spirit remained as strong as ever. Valentina became her support, and the stories continued to flow. One afternoon, as sunlight filtered through the curtains, Rosa looked at her granddaughter and said, "Never let the light of our stories fade. You are part of them, and you too have the power to tell."

When the day finally came for Grandma Rosa to leave this world, Valentina felt an immense void. However, she knew that the stories would remain alive through the recordings and in her heart. She decided she would continue to tell her grandmother's stories, not only to her own children but to anyone who wanted to listen.

Grandma Rosa's stories became a legacy, a treasure that Valentina shared with the world. In each tale, there was a piece of love, courage, and wisdom, connecting the generations of her family and showing that although people may leave, their stories never die.

El Café de los Recuerdos

Era un soleado sábado por la tarde cuando un grupo de viejos amigos decidió reunirse en "El Café de los Recuerdos", un acogedor lugar ubicado en una esquina del centro de la ciudad. El café era famoso por sus aromáticas tazas de café y sus deliciosos pasteles, pero lo que realmente lo hacía especial era el aire nostálgico que envolvía a todos quienes entraban. Las paredes estaban adornadas con fotos antiguas y recuerdos que contaban historias de tiempos pasados.

Al llegar, Ana fue la primera en encontrar una mesa en la terraza, bajo la sombra de un viejo árbol que había visto crecer a varias generaciones. Su corazón latía con emoción al pensar en ver a sus amigos después de tantos años. Uno a uno, comenzaron a llegar: Carlos, con su eterna sonrisa; Lucía, con su risa contagiosa; y Roberto, el más serio del grupo, pero con un brillo en los ojos que delataba su alegría.

"¡No puedo creer que estemos aquí después de todo este tiempo!", exclamó Ana mientras todos se acomodaban en la mesa. "¿Se acuerdan de las locuras que hacíamos en la escuela?"

"Por supuesto", dijo Carlos, riendo. "Recuerdo aquella vez que decidimos hacer una obra de teatro improvisada y terminamos llenando la sala de risas... y de papel picado".

La conversación fluyó entre risas y anécdotas, cada recuerdo era una chispa que encendía la nostalgia en sus corazones. Lucía recordó la primera vez que fueron a un concierto juntos, mientras que Roberto compartió cómo había sido su vida después de mudarse a otra ciudad por trabajo. Cada uno hablaba sobre su presente, las luchas y los triunfos, mientras el aroma del café y los pasteles envolvía el ambiente.

"Es increíble cómo el tiempo pasa, pero algunos recuerdos permanecen intactos", reflexionó Ana. "A veces siento que esos momentos son lo único que me da fuerza para seguir adelante".

Carlos asintió. "Sí, pero también debemos recordar que nuestras vidas han cambiado. No somos los mismos que éramos en la escuela, y eso está bien. Cada uno ha tomado su propio camino".

El tono de la conversación cambió cuando Lucía, con un suspiro, comentó: "A veces me pregunto si tomé las decisiones correctas. Me siento atrapada en mi trabajo, como si estuviera persiguiendo algo que nunca puedo alcanzar".

"Yo también me siento así a veces", confesó Roberto, mirando por la ventana. "La vida puede ser abrumadora. Pero estar aquí, con ustedes, me recuerda que no estoy solo en esto".

El café seguía lleno de vida, pero en esa mesa, el tiempo parecía haberse detenido. Se dieron cuenta de que aunque sus caminos eran diferentes, compartían una conexión profunda. Era esa conexión la que los había reunido y que siempre los uniría, sin importar la distancia o los cambios.

"Tal vez deberíamos prometernos reunirnos más a menudo", sugirió Ana, mirando a cada uno de sus amigos. "No quiero que pasen otros cinco años antes de volver a estar juntos".

"Me parece una excelente idea", respondió Lucía, iluminando su rostro con una sonrisa. "Podríamos alternar entre este café y otros lugares que nos traigan buenos recuerdos".

Con ese nuevo compromiso, se sintieron revitalizados. El café se convirtió en un refugio donde no solo compartieron risas y recuerdos, sino también sus miedos y anhelos. A medida que el sol comenzaba a ponerse, tiñendo el cielo de tonos dorados y naranjas, se prometieron volver a reunirse, sin importar las circunstancias.

Al final de la tarde, mientras se despedían, cada uno llevaba consigo más que solo recuerdos. Se llevaban la certeza de que, aunque la vida pudiera ser complicada y llena de sorpresas, siempre tendrían un lugar al que regresar, un café donde los recuerdos se entrelazaban con el presente.

"Nos vemos pronto", dijeron al unísono, mientras se alejaban, con una sonrisa en el rostro y la calidez del café aún en sus corazones. Era el inicio de una nueva tradición, una promesa de amistad que perduraría, como el aroma del café que quedaba flotando en el aire.

The Café of Memories

I t was a sunny Saturday afternoon when a group of old friends decided to meet at "The Café of Memories," a cozy place nestled on a corner in the heart of the city. The café was famous for its aromatic cups of coffee and delicious pastries, but what truly made it special was the nostalgic atmosphere that enveloped everyone who entered. The walls were adorned with old photographs and mementos that told stories of days gone by.

When Ana arrived, she was the first to find a table on the terrace, beneath the shade of an old tree that had seen generations grow. Her heart raced with excitement at the thought of seeing her friends after so many years. One by one, they began to arrive: Carlos, with his everlasting smile; Lucía, with her contagious laughter; and Roberto, the most serious of the group, yet with a sparkle in his eyes that betrayed his joy.

"I can't believe we're here after all this time!" exclaimed Ana as everyone settled at the table. "Do you remember the crazy things we did in school?"

"Of course," said Carlos, laughing. "I remember that time we decided to put on an impromptu play, and we ended up filling the room with laughter... and confetti."

The conversation flowed amidst laughter and stories, each memory a spark igniting nostalgia in their hearts. Lucía recalled the first time they went to a concert together, while Roberto shared what his life had been like after moving to another city for work. Each spoke of their present, the struggles and triumphs, while the aroma of coffee and pastries enveloped the atmosphere.

"It's incredible how time passes, yet some memories remain untouched," reflected Ana. "Sometimes I feel like those moments are the only things that give me the strength to move forward."

Carlos nodded. "Yes, but we must also remember that our lives have changed. We are not the same as we were in school, and that's okay. Each of us has taken our own path."

The tone of the conversation shifted when Lucía, with a sigh, commented, "Sometimes I wonder if I made the right decisions. I feel trapped in my job, like I'm chasing something I can never reach."

"I feel that way sometimes too," confessed Roberto, gazing out the window. "Life can be overwhelming. But being here with you reminds me that I'm not alone in this."

The café buzzed with life, but at their table, time seemed to stand still. They realized that although their paths were different, they shared a deep connection. It was that bond that had brought them together and would always unite them, regardless of distance or change.

"Maybe we should promise to meet more often," suggested Ana, looking at each of her friends. "I don't want it to be another five years before we get together again."

"I think that's an excellent idea," replied Lucía, her face lighting up with a smile. "We could alternate between this café and other places that bring back good memories."

With this new commitment, they felt revitalized. The café became a refuge where they not only shared laughter and memories but also their fears and desires. As the sun began to set, painting the sky in golden and orange hues, they promised to reunite, no matter the circumstances.

At the end of the afternoon, as they said their goodbyes, each of them carried away more than just memories. They took with them the assurance that, even though life could be complicated and full of surprises, they would always have a place to return to—a café where memories intertwined with the present.

"We'll see each other soon," they said in unison as they walked away, smiles on their faces and the warmth of the café still in their hearts. It was the beginning of a new tradition, a promise of friendship that would endure, like the aroma of coffee lingering in the air.

La Melodía del Mar

El sol comenzaba a ocultarse en el horizonte, tiñendo el cielo de tonos naranjas y lilas, mientras Samuel se acercaba a la playa. Había pasado muchos años desde la última vez que visitó este lugar, pero cada ola que rompía en la orilla parecía llamarlo de nuevo, como un viejo amigo que nunca olvida.

Samuel había enfrentado muchas pérdidas en su vida, y la más reciente había dejado una herida profunda en su corazón. La muerte de su esposa, Clara, había sido un golpe devastador. En los días que siguieron a su partida, el mundo había perdido su color, y las melodías de la vida se convirtieron en un murmullo lejano. Sin embargo, sabía que había algo especial en el mar que siempre le había brindado consuelo.

Al llegar a la orilla, sintió la arena caliente bajo sus pies descalzos. Cerró los ojos y respiró hondo, dejando que el aroma salado del océano lo envolviera. Con cada oleada, sentía que las preocupaciones se desvanecían, llevándose consigo parte de su tristeza. Era como si el mar tuviera la capacidad de curar las heridas del alma.

Se sentó en la arena, observando cómo las olas danzaban al ritmo del viento. Recordó las tardes en que venía aquí con Clara, construyendo castillos de arena y riendo juntos mientras las olas les salpicaban los pies. Su risa resonaba en su mente, y por un momento, sintió que ella aún estaba a su lado.

"Te extraño", susurró al viento, esperando que de alguna manera su voz llegara a ella. Pero el mar no respondió; en su lugar, el sonido de las olas le trajo recuerdos de amor, momentos compartidos y sueños que nunca se realizaron. Samuel entendió que el duelo era un proceso, y que cada lágrima que caía era un homenaje a la vida que habían construido juntos.

Mientras el sol se sumergía en el océano, la luna comenzó a brillar en el cielo, reflejándose en el agua como un camino de plata. Fue entonces cuando escuchó la melodía del mar, un suave susurro que parecía cantarle al oído. Era una canción de esperanza y sanación, una invitación a encontrar la paz en medio del dolor.

De repente, sintió el impulso de levantarse y caminar hacia el agua. Las olas le acariciaban los tobillos, y una sensación de calma lo invadió. Se permitió sentir el dolor, pero también la belleza de la vida que lo rodeaba. Cada ola que llegaba era un recordatorio de que la vida continuaba, y que el amor que había compartido con Clara siempre viviría en su corazón.

Con cada paso, la conexión con el mar se hacía más fuerte. Comenzó a recordar las cosas que le hacían feliz, los pequeños momentos que llenaban su vida de significado. Se dio cuenta de que, aunque Clara ya no estaba físicamente, su amor seguía siendo una parte integral de su ser.

Después de un rato, se sentó de nuevo en la arena, sintiendo cómo la brisa del mar acariciaba su rostro. Se dio cuenta de que la tristeza y la felicidad podían coexistir, como las olas que venían y se iban, dejando huellas en la orilla. Esa noche, el mar le enseñó que la vida está llena de altibajos, y que cada momento, ya sea de alegría o de dolor, es valioso.

Con el corazón un poco más ligero, Samuel se despidió del mar, prometiendo regresar. A medida que caminaba de regreso por la playa, el cielo se oscurecía y las estrellas comenzaban a brillar, como faros de esperanza. La melodía del mar lo acompañaba, una sinfonía de amor, pérdida y renacimiento que resonaría en su corazón por siempre.

La vida, pensó, es una serie de olas. Algunas son suaves y otras pueden ser violentas, pero todas tienen su propósito. Con el tiempo, Samuel comprendió que podía encontrar consuelo en la naturaleza y que, aunque Clara ya no estaba, el amor que compartieron siempre lo guiaría, como la luz de la luna sobre el océano.

The Melody of the Sea

The sun began to set on the horizon, painting the sky in shades of orange and purple as Samuel approached the beach. Many years had passed since he last visited this place, but each wave breaking on the shore seemed to call him back, like an old friend who never forgets.

Samuel had faced many losses in his life, the most recent of which had left a deep wound in his heart. The death of his wife, Clara, had been a devastating blow. In the days that followed her passing, the world lost its color, and the melodies of life faded into a distant murmur. Yet, he knew there was something special about the sea that had always brought him comfort.

Upon reaching the shore, he felt the warm sand beneath his bare feet. He closed his eyes and took a deep breath, letting the salty aroma of the ocean envelop him. With each wave, he felt his worries dissipate, taking part of his sorrow with them. It was as if the sea had the power to heal the wounds of the soul.

He sat on the sand, watching the waves dance to the rhythm of the wind. He recalled the afternoons spent here with Clara, building sandcastles and laughing together as the waves splashed at their feet. Her laughter echoed in his mind, and for a moment, he felt as if she were still by his side.

"I miss you," he whispered to the wind, hoping that somehow his voice would reach her. But the sea did not respond; instead, the sound of the waves brought him memories of love, shared moments, and dreams that never came to be. Samuel understood that grief was a process, and that every tear he shed was a tribute to the life they had built together.

As the sun sank into the ocean, the moon began to shine in the sky, reflecting on the water like a silver pathway. It was then that he heard the melody of the sea, a gentle whisper that seemed to sing in his ear. It was a song of hope and healing, an invitation to find peace amid the pain.

Suddenly, he felt the urge to rise and walk towards the water. The waves caressed his ankles, and a sense of calm washed over him. He allowed himself to feel the pain, but also the beauty of the life that surrounded him. Each wave that came was a reminder that life goes on and that the love he had shared with Clara would always live in his heart.

With each step, his connection to the sea grew stronger. He began to remember the things that made him happy, the small moments that filled his life with meaning. He realized that although Clara was no longer physically present, her love remained an integral part of his being.

After a while, he sat back down on the sand, feeling the sea breeze brush against his face. He understood that sadness and happiness could coexist, like the waves that came and went, leaving traces on the shore. That night, the sea taught him that life is full of ups and downs, and that every moment, whether joyful or painful, is precious.

With his heart feeling a little lighter, Samuel bid farewell to the sea, promising to return. As he walked back along the beach, the sky darkened and the stars began to twinkle, like beacons of hope. The melody of the sea accompanied him, a symphony of love, loss, and rebirth that would resonate in his heart forever.

Life, he thought, is a series of waves. Some are gentle, while others may be fierce, but all have their purpose. Over time, Samuel understood that he could find solace in nature and that, although Clara was no longer with him, the love they shared would always guide him, like the moonlight over the ocean.